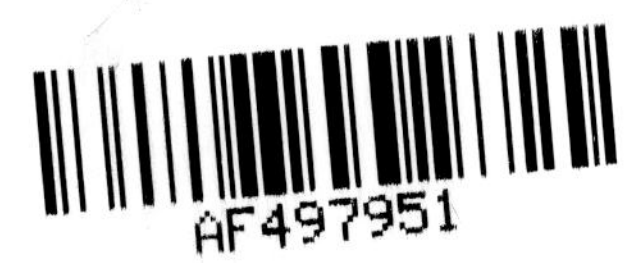

THE FOUNDER

THE FOUNDER

In case of loss, Please return to:

____

____

____

____

____